COMPARAISON

GRAPHIQUE ET MATHÉMATIQUE

DES

CONTINENTS DE L'ANCIEN MONDE.

Présentée à l'Académie de Lyon, le 10 Décembre 1850.

Par M. LORTET.

LYON.

IMPRIMERIE DE DUMOULIN ET RONET, LIBRAIRES,
Rue Centrale, 20 (allée de l'Homme d'Osier).

—

1851.

COMPARAISON

GRAPHIQUE ET MATHÉMATIQUE

DES

CONTINENTS DE L'ANCIEN MONDE.

Présenté à l'Académie de Lyon, le 10 Décembre 1850.

Par M. LORTET.

Messieurs.

Dans un opuscule que j'ai eu l'honneur de vous lire il y a trois ans, j'ai signalé l'influence que les fleuves exercent sur les développements et l'extension de la civilisation ([1]).

Aujourd'hui je désire aborder une question qui a beaucoup de rapports avec la précédente : c'est l'influence que la forme des continents, l'étendue et la configuration de leurs rivages, ont exercée sur les familles humaines qui les habitent.

Cette influence a été signalée et démontrée par les travaux géographiques de MM. Nagel, Berghaus et Ritter.

La mer, dont l'étendue compose à peu près les trois quarts de la superficie du globe, semble étreindre les continents dans ses bras. Elle les circonscrit sans les isoler. Bien loin de là, elle établit un lien entre les plus éloignés. Elle présente partout le moyen de communication le plus prompt, le plus commode et le moins dispendieux.

L'homme encore faible, le peuple au degré de développement le plus inférieur, regarde la mer comme une barrière, comme un obstacle insurmontable.

([1]) Des fleuves et de leur influence, 1847, Mémoires de l'Académie.

Au contraire, pour l'homme, pour le peuple auquel est déjà révélée la conscience de sa force, de sa puissance et de sa destination sur la terre, l'océan est la grande route la plus courte et la plus facile d'un continent à l'autre. C'est dans cette voie que l'intelligence a remporté l'un de ses plus beaux triomphes sur la matière.

Cette vérité n'étant pas contestée, il est évident : que la configuration des côtes d'un continent, ou d'une portion de continent, la disposition des mers intérieures, la profondeur et la multiplicité des golfes, la proéminence des caps qui semblent tendre la main à des îles nombreuses, sont autant de circonstances importantes en géographie et en ethnographie. Elles ont accéléré ou retardé les migrations, les colonisations des peuples ; elles ont imprimé à leurs relations une certaine direction.

Plus un continent sera découpé par des golfes profonds, plus il y aura de presqu'îles, plus il y aura d'îles le long de ses côtes, plus les relations entre les populations seront fréquentes et faciles, plus le développement social sera rapide. Au contraire, plus la forme d'un continent sera simple, moins ses côtes seront plissées, plus le développement de la civilisation sera lent et difficile (¹).

(¹) L'expression de *continents accidentés*, proposée par notre collègue M. Jourdan, est plus générale, et répond exactement à toutes les conditions énumérées. Un continent accidenté (ou une portion de continent) est traversé par des chaînes de montagnes qui se terminent par des promontoires ou des caps ; il est parcouru par des fleuves qui se versent au fond des golfes. Les côtes d'un tel continent seront nécessairement plissées, découpées ; elles seront en partie escarpées, la mer y sera profonde ; elles seront les plus favorables à la navigation. Au contraire si le continent est régulier et symétrique, les côtes présenteront de grandes lignes sans caps ni golfes ; le plus souvent on aura des plages où la mer peu profonde ne présente aux navigateurs ni ports ni abris.

Comparons sous ce point de vue les différents continents, et surtout les continents de l'ancien monde : l'Asie, l'Europe et l'Afrique, pour lesquels nous avons des données historiques plus certaines sur les mouvements des populations et les progrès de l'espèce humaine.

Nous emploierons d'abord la méthode de Berghaus (¹). On peut sur chaque continent construire un polygone, qui enfermera la masse de ce continent, laissant en dehors les portions qui s'en détachent sous forme d'appendices. Le rapport arithmétique entre les superficies du corps et celles des appendices nous fera connaître quel continent a des côtes profondément découpées, quel est celui où la civilisation a marché plus rapidement.

Le corps de l'Asie pourra être renfermé dans un trapèze dont les angles seront au S.-O. sur l'isthme de Suez, au N.-O. dans le golfe de Carie, au S.-E. dans le fond du golfe de Tonkin, au N.-E. vers le cap Schelagskoy. Les appendices de l'Asie en dehors de ce trapèze représentent à peu près un cinquième de la masse continentale.

La massive Afrique a la forme d'une ellipse ; elle est un corps sans appendices. Nous pourrons seulement établir le rapport entre les côtes et la superficie du continent.

Le corps de l'Europe peut être renfermé dans un triangle, ayant un angle dans le golfe de Carie, l'autre derrière la mer d'Azow, et le troisième dans le golfe de Biscaye. La superficie des appendices, sans y comprendre les îles, surpassera de beaucoup celle du corps (²).

(¹) Grundriss der Geographie p. 122, et physikalisches atlas.

(²) Ces lignes que nous supposons pour distinguer les appendices du corps, ne doivent pas nous porter à les étudier isolément. Ces appendices n'ont de valeur et une existence réelle, que par leur union, leur continuité, avec leurs continents respectifs. Nous ne pouvons supposer la nullité des influences réciproques entre les appendices et le centre des continents. Ces divisions sont purement

Voici quelle est , en chiffres , l'expression de ces rapports.

	Corps en kilom. carré.	Appendices en kil. car.	Le continent entier.
Asie	36,025,000	8,525,000	44,550,000
Afrique . . .	29,381,000	,	29,381,000
Europe. . . .	4,125,000	4,675,000	8,800,000

Si nous comprenions les îles de l'Europe dans l'évaluation de ses appendices, nous aurions une superficie de 5,159,000.

Il résulte assez clairement de ce tableau que les appendices de l'Asie représentent, à peu près, la cinquième partie de la masse continentale. En Europe, ils en représentent à peu près la moitié. En Afrique ils sont inappréciables.

Afin de saisir plus facilement le rapport qui existe entre l'étendue des côtes et la superficie, supposons que celle-ci soit l'aire d'un cercle. Le cercle étant la figure qui enferme la plus grande surface dans le plus petit périmètre, nous supposerons chaque continent enfermé dans un cercle dont nous chercherons la circonférence, celle-ci représentera le minimum des côtes possibles.

artificielles et propres seulement à mettre en évidence les caractères particuliers à chaque continent.

Ce que nous disons ici des appendices, nous pourrons le dire des grandes îles. Elles ne peuvent être étudiées isolées du continent auquel elles appartiennent. Supposons l'Angleterre à cent lieues de nos côtes, la France et l'Allemagne ne seraient pas ce qu'elles sont aujourd'hui ; la civilisation aurait été sans doute plus tardive ; et aurait suivi une autre direction, dans cette Angleterre qui, aujourd'hui, embrasse le monde.

On ne peut donc appliquer cette méthode de comparaison ni aux îles isolées, ni à des archipels, pas même à la Polynésie, cette *poussière d'îles*, ainsi que l'appelle un de nos géographes.

Nous la comparerons au développement réel des côtes, nous aurons le tableau suivant en kilomètres.

	périmètre.	développement des côtes.	différence.	rapport du périmètre au développement des côtes.
Asie . . .	23,606	56,980	33,374	1 : 2,4
Afrique .	19,166	26,048	6,882	1 : 1,3
Europe. .	10,486	31,820	21,334	1 : 3

En d'autres termes ce tableau exprime les rapports suivants : pour une longueur de côte de 714 kilomètres, on a en Europe, 2,035 kilom. carré ; en Asie, 5,775 kilom. carré, et en Afrique, 8,250 kilom. carré. Il en résulte que pour une superficie donnée, l'Europe a quatre fois plus de côtes que l'Afrique ; l'Europe est donc quatre fois mieux partagée sous le rapport du développement des côtes.

Nous rendrons ces rapports encore plus évidents, si nous les représentons par une méthode entièrement graphique. Pour chacun des continents de l'ancien monde, nous décrirons un cercle, dont l'aire égalera la superficie d'un continent. A partir du même centre nous décrirons un autre cercle dont la circonférence sera égale au développement réel des côtes. Au premier coup-d'œil nous jugerons quel continent présente la plus grande ou la plus petite différence entre les deux cercles (voyez fig. 1).

Il est évident, d'après cette figure, et à la première inspection, que, relativement à sa superficie, l'Afrique a la moindre étendue de côtes ; l'Asie vient ensuite, et enfin l'Europe est le continent dont les côtes offrent le développement le plus considérable.

Si nous adaptions ce procédé à tous les continents, il seraient disposés dans l'ordre suivant, en commençant par celui dont les côtes présentent le moins de développement : L'Afrique, l'Australie, l'Amérique du Sud, l'Asie, l'Amérique du Nord, et l'Europe.

L'Australie n'est que d'un dixième mieux partagée que l'Afrique. Elle est restée bien en arrière sous le rapport de la civilisation, sans doute à cause de son isolement, peut-être aussi parce qu'elle a été peuplée plus tard, et que la nature offrait peu de ressources à ses rares habitants.

L'Afrique a eu l'avantage de ses rapports avec l'Arabie, avec l'Asie, avec l'Europe. C'est aussi dans sa portion méditerranéenne que la civilisation a fait le plus de progrès. (Nous reviendrons sur cette question).

Si un continent, tel que l'Afrique, symétrique et avec des côtes peu développées, est peu favorable aux progrès des populations, peut-être qu'une contrée trop accidentée ne serait pas plus favorable. Il y aurait d'un côté immobilité, et de l'autre excès de mobilité.

Dans les deux Amériques, le mouvement civilisateur, soit antérieur soit postérieur à ses relations avec l'Europe, a eu lieu principalement autour du golfe du Mexique et de la mer Caraïbe fermée en partie par des îles grandes et nombreuses. La différence entre l'Amérique du nord et l'Asie n'atteint pas un chiffre élevé. Mais ce dernier continent à l'avantage de se rattacher d'un côté à l'Afrique, de l'autre à l'Europe, qui en est en quelque sorte un appendice. Si nous comprenions dans un même cercle l'Asie et l'Europe, alors l'Amérique du nord serait moins bien partagée. Sur quels points de l'Asie se sont développés, dès les temps les plus anciens, les différents centres de civilisation ? En Chine, dont la côte orientale profondément échancrée par des golfes nombreux est bordée par une série d'îles qui s'étend depuis le Kamtschatka jusqu'à la presqu'île de Malaka ; dans le golfe du Bengale, si facilement en rapport avec l'île de Ceylan, avec les îles de la Sonde, où se retrouvent les traces d'une langue non moins ancienne que le sanskrit et d'une antique littérature; en Perse, depuis les rives du golfe Persique, jusqu'à celles de la Méditerranée. Cet appendice occidental de l'Asie comprenant la Perse, l'Arménie, la

Mésopotamie, est remarquable par sa position entre l'orient et l'occident; par ses rapports avec quatre mers. Cette contrée est sans
contredit la plus importante dans l'histoire de l'humanité.

L'Europe est de tous les continents le mieux caractérisé par le
développement et l'étendue de ses côtes, par les golfes profonds
qui pénètrent dans l'intérieur. Cette configuration remarquable
est une des conditions qui le distinguent des autres continents
sous le rapport de la chaleur annuelle et de sa distribution. Elle
est aussi la cause de la douceur de son climat, car on observe
toujours les climats extrêmes dans les continents où la mer ne
pénètre pas vers l'intérieur.

A la simple inspection d'une carte sur laquelle sont tracées les
lignes isothermes, on sera convaincu que les espaces occupés par
la mer éprouvent des chaleurs moins grandes et des froids moins
intenses, des étés moins chauds et des hivers moins froids. Cette
différence est surtout apparente dans les cartes des lignes isothermes mensuelles qui accompagnent le mémoire publié récemment
par M. Dove ([1]).

Ce fait est facile à expliquer. La mer atténue les climats extrêmes, car toutes les molécules d'eau refroidies tombent vers
le fond, les plus chaudes montent vers la surface abandon-
nent de leur calorique à l'atmosphère. Pendant les chaleurs,
l'évaporation de l'eau emporte une grande quantité de calorique,
qui, aussi longtemps que l'eau reste à l'état de vapeur, ne ré-
chauffe pas l'atmosphère. Il y a donc abaissement de la tempéra-
ture. Là où l'étendue de la mer est prédominante, on aura des
étés frais et des hivers doux ; le contraire aura lieu dans le centre
des grands continents.

L'Europe doit donc son climat tempéré aux golfes profonds qui
pénètrent dans ses terres; aux plissements nombreux de ses
côtes.

([1]) Ueber linien gleicher Monats wärme, physikalische-Abhandlun
gen der kön. Akad. zu Berlin, 1848.

Sous d'autres rapports elle est encore dans des conditions bien plus favorables. Elle n'appartient ni aux régions tropicales, ni aux régions polaires. Attachée à l'Asie sur une limite terrestre de 2,664 kilom., elle est séparée de deux autres continents par des mers dont la largeur relative n'est pas démesurée, nulle part elle n'est sequestrée, isolée dans l'immensité de l'Océan austral. La mer Atlantique établit des communications entre toutes les mers européennes et le grand Océan.

Sa partie centrale ne présente pas, comme les autres continents, des plateaux arides, impénétrables, mais seulement des chaînes de montagnes élevées, d'où partent des cours d'eau dans toutes les directions.

S'il n'est pas toujours facile d'expliquer la prépondérance de l'Europe sous le rapport de la civilisation, on ne peut pas du moins la contester. Tout ce que l'humanité a fait de beau et de noble a germé en Europe, ou au moins y a atteint le degré de la perfection. Par l'abondance, la variété et la beauté de leurs produits naturels, l'Asie et l'Afrique sont supérieurs à tous les continents, mais combien l'Europe l'emporte pour tout ce qui est œuvre de l'homme, production de l'humanité! La constitution physique de ce continent y contribue puissamment. Dans aucune de ses zones, la fertilité luxuriante des tropiques n'invite l'homme à la paresse, et même dans ses parties les plus septentrionales, les soins de la vie matérielle n'absorbent pas l'existence entière. Partout elle est propre à l'agriculture, qui, par la nécessité de la propriété, met un terme à la vie nomade. L'agriculture habitue l'homme à une activité périodique, à un travail régulier, source de tout bien-être. A tous ces avantages, il faut ajouter encore l'homogénéité de la race qui habite ce continent.

Eh bien! si nous étudions l'Europe en détail, est-ce vers le centre que nous apercevrons d'abord la manifestation de cette civilisation, latente chez tous les peuples, jusqu'à ce que des circonstances favorables lui donnent le mouvement et la vie?

Non, nous en trouvons les premiers germes dans trois appendices baignés par la mer. Dans chacune de ces presqu'îles son développement a eu un caractère tout particulier. C'est de là qu'elle s'est propagée, non-seulement au reste de l'Europe, mais encore à d'autres continents. En première ligne nous avons la Grèce, ou l'étendue de la mer égale et surpasse même celle des terres (¹); ensuite l'Italie, long appendice destiné à mettre le centre du continent en rapports avec la Grèce et avec l'Afrique (²). L'Espagne,

(¹) La Grèce ayant des limites fortes 'et bien tranchées du côté du continent ne fut en rapport que par la mer avec l'est, le sud et l'ouest La race helléniquepeu mélangée était ainsi fermée chez elle, aucune action étrangère ne vint troubler dans le principe cette formation originelle, qui fut hâtée par des rapports suffisants avec l'Asie mineure et l'Egypte. Il y eut donc unité dans son développement, et variété à cause de son territoire accidenté d'une manière si remarquable dans toutes ses parties. L'excès de mouvement paralysa peut-être sa puissance jusqu'au moment où une fraction de Doriens et d'Hellènes, les Macédoniens restés en dehors de cette agitation, vinrent, avec l'impulsion d'une force toute continentale, donner une nouvelle direction à cette activité.

(²) Avec des communications faciles et nombreuses du côté de la mer, l'Italie forme un ensemble bien plus compacte que la G████; sa limite terrestre la rattache aux parties centrales du continent. Elle doit peut-être à ces dispositions territoriales une partie de cette force qui l'a élevée à la domination du monde alors connu.

Dans ses mémoires, Napoléon a appliqué à l'Italie, ce mode d'études géographiques. Nous en citerons quelques passages :

« L'Italie est environnée par les Alpes et par la mer ; ses limites naturelles sont déterminées avec autant de précision que si c'était une île. Elle se divise naturellement en trois parties : la continentale, la presqu'île et les îles. La première est séparée de la seconde par l'isthme de Parme. La partie continentale a une surface de 5,000 lieues carrées ; la presqu'île est un trapèze, dont les côtés latéraux ont 210 lieues et les deux autres 60 à 80, la surface de ce trapèze est de 6,000 lieues carrées. La troisième partie ou les îles, la Sicile, la Sardaigne et la Corse qui, géographiquement appartient plus à l'Italie

quadrilatère, a le caractère africain ; mais baignée par les deux mers, elle liera les deux mondes. Enfin au nord, nous avons, comme centre d'un caractère bien tranché, toute cette région dont les rivages profondément découpés sont baignés par la mer Baltique et par la mer du Nord. De tous côtés, l'Europe semble étendre ses bras pour saisir le monde. Elle en a fait la conquête par ses colonies et par la science. Ce phénomène, unique dans l'histoire de l'humanité, reconnaît certainement pour cause, la forme géographique de l'Europe, sa division en bras nombreux et prépondérants (¹).

Si nous comparons le développement des côtes de chacune de ces presqu'îles avec la circonférence du cercle qui renferme leur superficie, nous aurons le tableau suivant :

qu'à la France, forme une surface de 4,000 lieues carrées, ce qui porte à 15,000 lieues carrées la surface de l'Italie.

« L'Italie, isolée dans ses limites naturelles, séparée par la mer et par de très-hautes montagnes du reste de l'Europe, semble être appelée à former une grande et puissante nation ; mais elle a dans sa configuration un vice capital. Sa longueur est sans proportion avec sa largeur. Les trois grandes îles qui sont un tiers de sa surface, sont dans des circonstance isolées ; d'un autre côté la partie de la péninsule au delà du mont Velino, est étrangère aux intérêts, au climat, aux besoins de toute la vallée du Pô.

« ..... L'Italie, a, depuis les bouches du Var jusqu'au détroit de la Sicile 230 lieues de côtes ; de ce détroit au cap d'Otrante 130 lieues, du cap d'Otrante à l'embouchure de l'Isonzo sur l'Adriatique 230 lieues : les trois îles, Sicile, Corse et Sardaigne ont 530 lieues de côtes. L'Italie, y compris les îles, a donc 1200 lieues de côtes. La France a sur la Méditerranée 130 lieues, sur l'Océan 470 lieues, en tout 600 lieues. L'Espagne y compris les îles, a sur la Méditerranée 500 lieues de côtes et 300 sur l'Océan. Ainsi l'Italie a un tiers de côtes de plus que l'Espagne et moitié de plus que la France....., » (Mémoires de Napoléon t. III).

(¹) Berghaus Grundriss der Geographie, p. 123

	superficie en kilom. carrés.	rapports à la super-ficie du continent.	développement des côtes.	rapports des côtes à celles du conti-nent.
Grèce. . .	346,500	1 : 25	4,144	1 : 8
Italie . . .	161,150	1 : 54	2,590	1 : 12
Ibérie. . .	583,000	1 : 15	3,108	1 : 10
Scandinavie	880,000	1 : 10	4,588	1 : 7

Les cercles concentriques que nous avons employés pour compa-rer les continents, mettront bien mieux en évidence ces diffé-rents rapports.

Au premier coup-d'œil on reconnaît (fig. 2) que la Grèce a les côtes les plus étendues relativement à son territoire ; viennent en-suite l'Italie, la Scandinavie et l'Ibérie. Les rapports du périmètre aux côtes développées sont dans le même ordre :

Grèce 1 : 2 ; Italie 1 : 1, 8 ; Scandinavie 1 : 1, 3 ; Ibérie 1 : 1, 14.

La Méditerranée a exercé une influence trop grande pour que nous ne jetions pas un coup-d'œil sur ses rapports avec les trois continents dont elle baigne une portion des rivages.

Cette mer, découpée d'une manière si élégante et si pittoresque en golfes variés, a comme prolongements du côté de l'Asie, la mer Noire, le lac Aral, véritables stations sur la route continentale entre l'orient et l'occident ([1]).

([1]) Sur cette mer on a en perspective, tantôt la côte dentelée de Toulon, d'Hières, de Nice, de Gênes, tantôt les plages de la Toscane, de Livourne et de ses *maremmes*, tantôt ces longues falaises de la Sicile, tantôt les blanches taches du rocher de Malte, tantôt les dômes de la Thessalie, les profils variés des îles disséminées ou grou-pées de l'Archipel, la verte Scio, la grise Mitylène, le golfe serpentant de Smyrne, s'enfonçant jusqu'au cœur de l'Asie mineure, pour aller caresser la douce et pastorale Ionie ; tantôt les deux rives des Darda-

Cette mer appartient en grande partie à l'Europe, et la domination exercée par les autres continents n'y a jamais été prédominante ni de longue durée. C'est avec raison que les auteurs anciens l'appelaient *mare nostrum, nostra æquora, nostrum pelagus, mare magnum.*

C'est à cette mer que l'Europe doit sa prépondérance. Les autres continents ont seulement pris part au mouvement qui s'y est manifesté. Les côtes de l'Europe présentent à un haut degré les découpures nombreuses et l'étendue que nous avons déjà signalées; la rive africaine au contraire est remarquable par l'uniformité de ses lignes sans plissures. La Méditerranée devint dès le principe la route de communication des habitants des trois parties du monde ancien. Ils seraient restés sans doute des barbares, comme les habitants de l'Asie centrale, si la surface que couvre cette mer, eût été un pays de steppes, semblable à la grande Mongolie (H eeren).

Nous pourrons aussi, à l'aide d'une figure, exprimer dans son ensemble quelle a été pour chaque continent l'influence de cette mer intérieure, bien certainement la plus remarquable du monde.

Décrivons d'abord (fig. 3.) un cercle dont l'aire soit égale à la superficie de la Méditerranée en kilom. carrés. A partir du même centre, nous circonscrivons trois secteurs. Le premier, le moins étendu, représente la superficie de l'Europe en kilomètres carrés. Le second

nelles bordées d'embouchures de canons, pour garder la porte entre deux mondes; tantôt la mer de Marmara, où se réfléchissent les neiges du Mont Olympe; tantôt la pointe du Sérail, la Corne d'or, le fleuve salé du Bosphore, ces champs-élysées maritimes de l'Europe et de l'Asie, qui semblent ne se tenir à distance que pour s'admirer mutuellement; tantôt enfin, Constantinople, ce dernier mot de la beauté du globe, cette capitale révélée par Dieu lui-même à tous les peuples qui rêveront la monarchie universelle.

(Lamartine, nouveau Voyage en Orient).

en étendue, représente la superficie de l'Afrique. Le troisième et le plus vaste, représente la superficie de l'Asie. Dans chacun de ces secteurs, la partie ombrée désigne l'étendue des versants méditerranéens. Il n'est pas nécessaire de le dire puisqu'on le voit, plus de la moitié de l'Europe verse ses eaux dans la Méditerranée, tandis que les versants des deux autres continents ne sont qu'une portion très-minime de leur superficie.

L'histoire n'est-elle pas là pour nous démontrer l'influence proportionnelle de la Méditerranée sur ces trois continents? Cette influence a été toute à l'avantage de l'Europe. La civilisation européenne, qui a répandu tant de mouvement et de vie sur toute l'étendue de ce littoral, n'a jamais ébranlé bien profondément les deux autres continents. Sans les modifier, si ce n'est pour des périodes assez courtes, elle a pénétré en Asie par son versant européen, et en Afrique par la vallée du Nil. Sur le reste de la côte étroite, elle s'éloigne à peine du littoral où elle a planté des colonies temporaires. La masse de ces continents était trop grande, trop résistante pour céder à l'influence de cette petite mer.

La vie qui agitait les populations méditerranéennes ne pouvait se transmettre que par une côte très-restreinte et hors de proportion avec l'étendue de ces grands continents. L'Europe a dû conquérir d'abord l'Océan, afin de les attaquer sur plusieurs points en même temps. Aujourd'hui c'est l'Europe qui gouverne et modifie le monde.

Je n'ai point eu la prétention de faire, en quelques pages, l'histoire de l'espèce humaine, ni une esquisse de l'origine et des progrès de la civilisation. Il faudrait aborder beaucoup d'autres questions; tenir compte de beaucoup de causes influentes autres que la forme des continents. J'en indiquerai seulement quelques-unes : la position géographique; la fertilité de la contrée, la nature de ses produits et les minerais qu'elle renferme; les animaux susceptibles de domesticité qu'elle nourrit; les races humaines qui s'y établissent et leurs mélanges ; les mœurs, les institutions préexistantes à l'émigration , ou transmises plus tard, etc.; les religions enfin , ce type de l'homme spirituel et de tout ce qui chez lui échappe à l'influence purement matérielle de la nature.

En présentant ces figures géométriques destinées à comparer plus facilement les continents, j'ai voulu seulement signaler l'importance de ces comparaisons, citer quelques exemples de l'influence que peuvent exercer leurs configurations diverses.

EXPLICATION DE LA PLANCHE.

FIGURE 1.

1 ASIE.	Aire du cercle intérieur . . .	44,550,000 kil. car.
	Son périmètre.	23,606 kil.
	Circonférence extérieure ou développement des côtes. . .	56,980 kil.
2 EUROPE.	Aire du cercle intérieur . . .	8,800,000 kil. car.
	Son périmètre	10,486 kil.
	Circonférence extérieure ou développement des côtes. . .	31,820 kil.
3 AFRIQUE.	Aire du cercle intérieur . . .	29,381,000 kil. car.
	Son périmètre.	19,166 kil.
	Circonférence extérieure ou développement des côtes. . .	26,048 kil.

(0,001ᵐ pour 300 kilom.)

FIGURE 2.

1 GRÈCE.	Aire du cercle intérieur . . .	346,500 kil. car.
	Son périmètre	2,093 kil.
	Circonférence extérieure ou développement des côtes. . .	4,144 kil.
2 ITALIE.	Aire du cercle intérieur . . .	161,150 kil. car.
	Son périmètre	1,417 kil.
	Circonférence extérieure ou développement des côtes. . .	2,590 kil.
3 IBÉRIE.	Aire du cercle intérieur . . .	583,000 kil car.
	Son périmètre	2,709 kil.
	Circonférence extérieure ou développement des côtes . . .	3,108 kil.
4 SCANDINAVIE.	Aire du cercle intérieur . . .	880,000 kil. car.
	Son périmètre	3,331 kil.
	Circonférence extérieure ou développement des côtes. . .	4,588 kil.

(0,01ᵐ pour 300 kilom)

FIGURE 3.

1 MÉDITERRANÉE ET MER NOIRE.

Secteur européen. . . 2,021,000
    — asiatique. . .   500,000   }   3,142,500 kil. car.
    — africain . . .   621,500

2 CONTINENT de l'Europe. . . . . 8,800,000 kil. car·
3   —   de l'Afrique. . . . . 29,381,000 kil. car.
4   —   de l'Asie. . . . . 44,550,000 kil. car.

VERSANTS MÉDITERRANÉENS :

de l'Europe. . . . . 4,880,000 kil.
de l'Afrique. . . . . 2,597,650 kil.
de l'Asie. . . . . . . 540,000 kil.

(0,001^m pour 150 kilom.)

Lyon.— Imp. Dumoulin et Ronet, rue Centrale, 20.

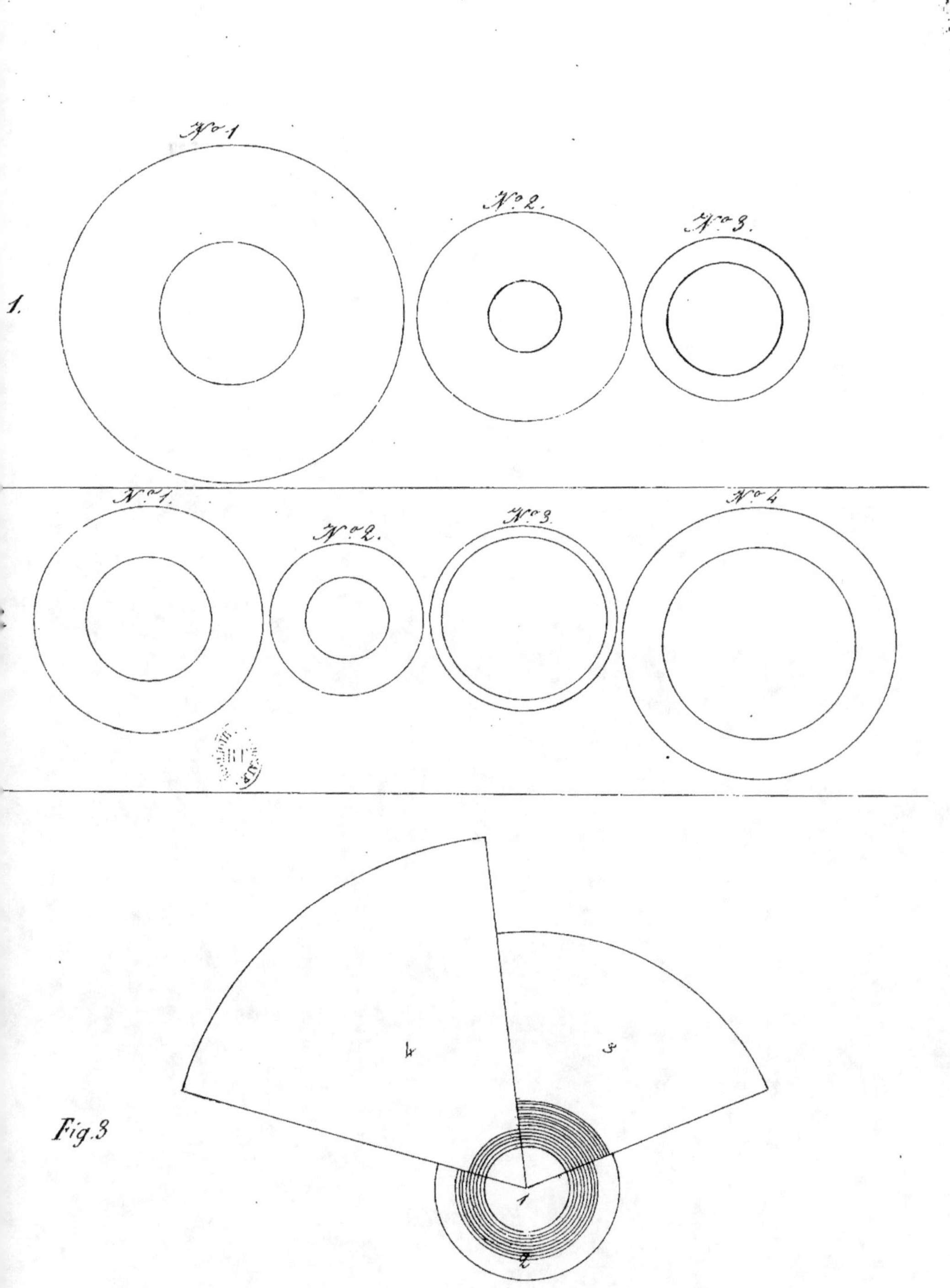

Nᵒ 1.
Nᵒ 2.
Nᵒ 3.
Nᵒ 1.
Nᵒ 2.
Nᵒ 3.
Nᵒ 4.
1.
Fig. 3

www.ingramcontent.com/pod-product-compliance
Lightning Source LLC
Chambersburg PA
CBHW062320070726
47596CB00009B/2457